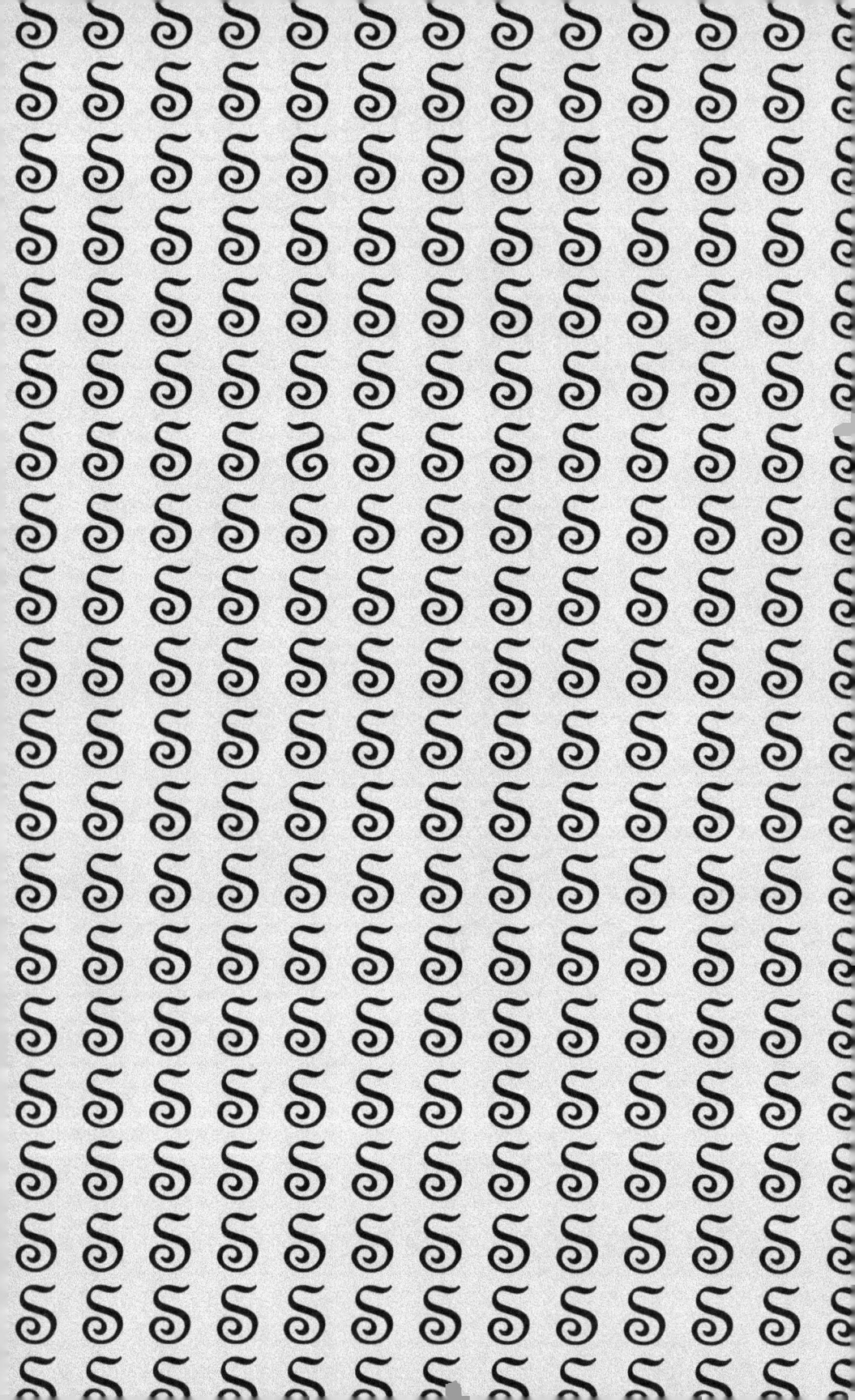

Hablemos de Ello

Hablemos de Ello

Jaime Arenas Saavedra

Poetisos al Sur del Mundo

Editorial Segismundo

© Editorial Segismundo SpA, 2017-2021

Hablemos de Ello
Jaime Arenas Saavedra
Colección Poetisos al Sur del Mundo, 7

Primera edición: Enero 2017

Versión: 2.6

Copyright © 2017-2021 Jaime Arenas Saavedra

Contacto: Juan Carlos Barroux <jbarroux@segismundo.cl>

Edición: Juan Carlos Barroux Rojas

Diseño gráfico: Juan Carlos Barroux Rojas

Ilustraciones de la portada: Hermann Rorschach &
                                Justinus Kerner

Fotografía de la contraportada: Jaime Lagos Fuentes

Ilustraciones del interior: Hermann Rorschach

Traductor del alemán al castellano: Jaime Arenas Saavedra

Registro Propiedad Intelectual N° 253.538

ISBN-13: 978-956-9544-49-1

Otras ediciones de

Hablemos de Ello:

Impreso en Chile
ISBN-13: 978-956-9544-63-7

POD – Tapa Dura
ISBN-13: 978-956-6029-98-4

POD – Amazon™, EBM®, etc.
ISBN-13: 978-956-9544-49-1

eBook – Kindle™, Nook™, Kobo™, etc.
ISBN-13: 978-956-9544-50-7

Audiolibro – Audible™, etc.
ISBN-13: 978-956-9544-51-4 (Retail)
ISBN-13: 978-956-9544-52-1 (Library)

En la colección *Poetisos al Sur del Mundo*:

Con un Wantán Atorado en el Alma
— **Alejandro López Palacios**

De Tierra y Asfalto
— **Eduardo Alvarez Sánchez**

Entre Poemas y Sábanas
— **Jaime Arenas Saavedra**

Un Pueblo fuera del Mapa
— **José Ángel Hogas Novoa**

Ingrata República y otros Asesinatos
— **Patricio Fernández Muñoz**

Bocabajo
— **André Meyer**

Ron Purgatorio Premium
— **Patricio Fernández Muñoz**

Bitácora Ácrata
— **José Navarro**

Bicéfalo
— **Armando Rosselot**

"Partir, c'est mourir un peu,
C'est mourir à ce qu'on aime;
On laisse un peu de soi-même
En toute heure et dans tout lieu".

Edmond Haraucourt

Para quien me enseñó a recitar estos versos.

Agradecimientos

A Juan Enrique Schwarze
por su invaluable ayuda
en la traducción de los versos de
Justinus Kerner.

Instrucciones del autor

Sucede que hablar de Ello es algo necesario, algo que precisaba desde hace mucho tiempo. Y es que la academia y el análisis han dedicado todo su logos y su iluminación, en forma quirúrgica, a establecer límites y definiciones cada vez más estructuradas y consensuadas. Por lo mismo, conceptualizaciones cada vez más consientes, yoicas y superyoicas. La literatura, sin embargo, se ha hecho cargo de redimir de manera intuitiva y poderosa todos los aspectos del ser humano, tan descritos y entendidos por el psicoanálisis.

Harold Bloom, un crítico literario estadounidense, amante de Shakespeare, dijo en alguna ocasión, con el desparpajo que le caracterizaba, que Sigmund Freud, extrajo todo su psicoanálisis de la obra shakesperiana, en tanto el máximo ícono de la literatura anglosajona, fue el creador del diálogo interno y la reflexión en voz alta de los personajes de sus obras, al modo de la asociación libre. Sin embargo, tal afirmación es evidentemente injusta tanto desde el punto de vista literario como científico. Pero eso es materia de otro libro o de otro tipo de discusiones.

Lo que sí es evidente es que Sigmund Freud, como suele ser, no inventó nada que de algún modo no estuviera previamente descrito o registrado por la gran memoria histórica del ser humano: la literatura. No quiero caer en estas honduras, pero como ejemplo se podría decir que Freud extrajo de Sófocles y su Edipo Rey su entendimiento universalista del inconsciente que figuradamente entendían los griegos como hado, de Shakespeare y su Hamlet la evitación y la culpa, de Dostoyevski y sus Hermanos Karamazov el deseo parricida, etc.

Tampoco quisiera entramparme en el entendimiento, por cierto omnipotente y hasta imperialista, que intenta hacer el psicoanálisis aplicado de la cultura y particularmente de la literatura. Menos aún caer en fetichistas descripciones de cómo lo freudiano ha influido en la forma de narrar de los escritores del siglo XX en adelante. Tan sólo he querido dar la oportunidad a la más intuitiva de las artes literarias para referirse a una entidad con la que guarda una indisoluble hermandad.

La poesía, que por cierto se ha vestido con los trajes más diversos, incluyendo más de algún uniforme castrense o de obrero industrializado, camina siempre por un borde fronterizo y es capaz de adentrarse en el reino de Hades, para luego retozar en el vientre de las Náyades, sin pedir salvoconducto alguno. Es su método voyerista y desorganizado, tan apropiado para estas viciosas miradas de lo humano, que bien podría confundírsele con un terapeuta, sin estipendio alguno, que goza de sí mismo y de su viaje al interior de lo humano, y que provee la más descarnada mirada de aquello inaccesible a otros escritos. Por eso hablar de Ello es mucho más que una deuda o una necesidad, sino un recursivo reconocimiento al lenguaje poético, del cual soy esclavo y que impertinente me murmura lo que le ha dicho su jimagua maldita, el Ello.

Dicho de otro modo, es bueno reconocer que la autoría es una ilusión y que aquello que se expresa en lo escrito no es más que un resumen de lo que soy, en tanto soy lo que han hecho de mí. Por lo tanto, mi poesía y la de todos no es propiedad ni de mi persona ni de cada uno de los escribanos, poetas o literatos que la han detentado como productos de sí mismos; sino más bien de aquello que nos dirige desde la oscuridad y la sinrazón.

"La verdad es inaccesible, para nosotros no existe. Entonces, ¿qué conducta hay que seguir? Para el que ha comprendido que no se puede comprender nada, para el que no cree en nada, todo está permitido..." (Vladimir Bartol, Alamut, 1938).

Sin más dilaciones, le invito, entonces, a que hablemos de Ello.

Introducción

C omo parte del proceso editorial del presente libro, autor y editor, en un trabajo mancomunado y de gran camaradería, decidimos enriquecer esta edición con la inclusión de bellas ilustraciones. Tras una ardua selección de imágenes, no exenta de largas y etílicas discusiones, concluimos que aquello no era posible, en una clara demostración de la dialéctica autor/editor necesaria a la creación de una obra como ésta. Dado lo anterior y considerando nuestra ceguera artística, resolvimos refugiarnos en nuestro propio inconsciente y dar rienda suelta nuestros Ellos combinados, para hacer uso del mayor lugar común visual que refiere al psicoanálisis: El Test de Rorschach.

Debo aclarar, para nuestros lectores que desconozcan dicho test, lo cual dudo que sea posible a estas alturas del siglo XXI, que dicha prueba es una técnica y método de psicodiagnóstico creado por Hermann Rorschach (1884-1922). Rorschach fue un psiquiatra y psicoanalista suizo, que inventó este test de diez láminas con manchas de tinta, las cuales aluden a la proyección (mecanismo a través del cual el observador ve en ellas aspectos inconscientes de sí mismo) y son mostradas a la persona examinada que debe describir lo que ve en cada una de ellas. Con una metodología compleja, basada en parámetros estadísticos y clínicos, un profesional entrenado puede hacer diagnósticos psicológicos con ellas.

Antes de seguir con este pequeño marco teórico alusivo a las ilustraciones que encontrarán en las siguientes páginas, debo continuar contándoles algo de este proceso editorial que llevamos a cabo, excusándonos por no incluir nuestras propias interpretaciones respecto a lo que vemos en dichas láminas, no por temor a que sean mal interpretadas nuestras distorsionadas respuestas, ni porque vayan a creer que nuestra salud mental está definitivamente en riesgo, sino porque dicho material serviría para escribir dos o tres libros más, con las más perversas aseveraciones que jamás hayan sido publicadas.

Dicho lo anterior, debo explicarles que habiendo agregado las ilustraciones se nos ocurrió que debíamos agregar algún texto a ellas, en un afán poético que suele enredarnos, a ambos, en irresolutos problemas. Sin embargo, como el espíritu lírico es iluminador llegamos a un interesantísimo descubrimiento, que de inmediato paso a relatarles. Pero antes quiero aludir al lector respecto a una capacidad absolutamente innata que tenemos, más frecuentemente en la infancia, de fantasear e interpretar manchas de todo tipo y darles coherencia y contenido. ¿Quién no era capaz de ver animales en las abigarradas formas de las nubes o en las manchas de las antiguas baldosas que llenaban los muros o pisos de los baños?

Investigando sobre poesía y Rorschach descubrimos un antecedente previo al autor de este importante test: la existencia de un libro póstumo, de un poeta romántico alemán, llamado Kleksografías. Justinus Kerner, médico y poeta alemán que falleció en 1862, poco antes de morir escribió dicho libro, el cual consiste en un poemario que hacía referencia a una serie de manchas de tinta fabricadas por el mismo, con versos románticos que aluden a la muerte, a los espíritus, a figuras demoniacas y otras hierbas, temáticas evidentemente coherentes con la época y con la corriente artística a la que pertenecía. Cabe mencionar que Kerner es reconocido como uno de los más importantes poetas románticos de Alemania, junto a Ulhand, su amigo personal y otros tantos autores. En la introducción de su texto, el mismo Kerner explica que debido a la pérdida progresiva de visión por las cataratas que le aquejaban y la torpeza que esto le provocaba, solía producir manchas de tinta sobre sus escritos o al doblar las hojas inutilizadas. Al observarlas podía interpretarlas, como el antiguo juego de escolares que él recordaba de su infancia. El parecido de este proceder con el método de Hermann Rorschach ha llevado a muchos autores a especular la relación de su libro con la creación de su test, al grado que Ellenberger, experto en historia de la Psiquiatría Dinámica, considerara como evidente la influencia de Kerner en éste. El término kleksografía, neologismo sin traducción (*Klecksographie*) se lo atribuye el mismo Kerner a un amigo suyo, desconocido, y el mismo Rorschach emplea dicho neologismo, de soslayo, sin siquiera asociarlo al médico romántico.

Pruebas más, pruebas menos, nos pareció, del todo necesario, incluir algunos de los versos de Kerner en este libro, acompañando el proceso artístico y psicológico de quien quiera leer y observar las láminas del colega suizo, con el ojo de un lector desprejuiciado y enamorado de la poesía. Todo aquel que quisiese ahondar más en su propia interpretación de dichas imágenes puede evaluar la posibilidad de consultar con algún psicólogo o analista, pero eso es tema aparte.

Esperamos que aclarado esto, estéis en la disposición de poder disfrutar de las siguientes páginas de este libro.

Jaime Arenas Saavedra & Juan Carlos Barroux Rojas

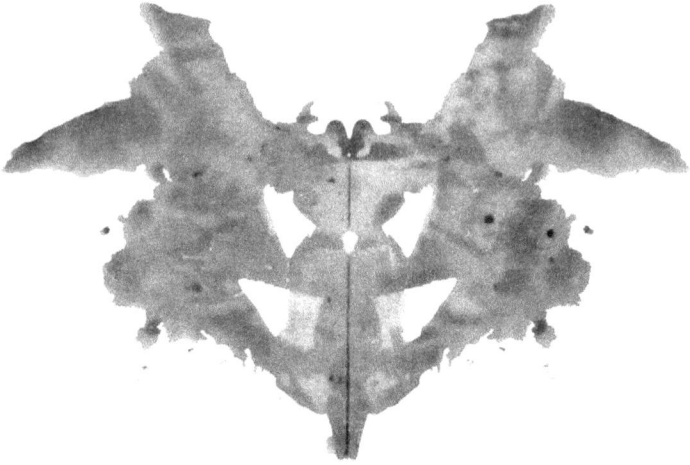

Primera lámina del test de Rorschach.

Den Hadesbildern noch zuvor
Erhoben aus der Dinte Nacht
(Mein Herz hat nicht an sie gedacht)
Die Todesboten sich empor.

"Antes de los dibujos de Hades
de la noche tinta levantados
los mensajeros de la muerte ascienden.
(Mi corazón en ellos no había pensado)"

Justinus Kerner, Kleksografía

I. TESITURA

DEL MEJOR USO PARA UN LIBRO

El parque frente a mi ventana

en las mañanas de frío abril,

siempre ostenta

nuevos formatos

para la imaginación.

Un par de latas de cerveza,

junto a un envase vacío

de preservativos.

Un suéter olvidado

entre los matorrales.

Alguna prenda femenina

colgando de las ramas.

Colilla de cigarrillo

en el césped aplastado,

vaporoso de siluetas revolcadas.

Botellas destrozadas

y un charco de líquido

cuya naturaleza

esconde sus inercias.

Demasiadas historias.

Argumentos infinitos.

Desechos del amor,

del sexo, del desenfreno.

Evidencias de la muerte,

El odio y la violencia.

Todo predecible.

Todo imaginable.

Excepto un objeto,

inusual testigo,

tirado en la basura.

Este libro,

con esta página

arrancada de cuajo,

vaya a saber uno

para qué uso

inapropiado o adictivo.

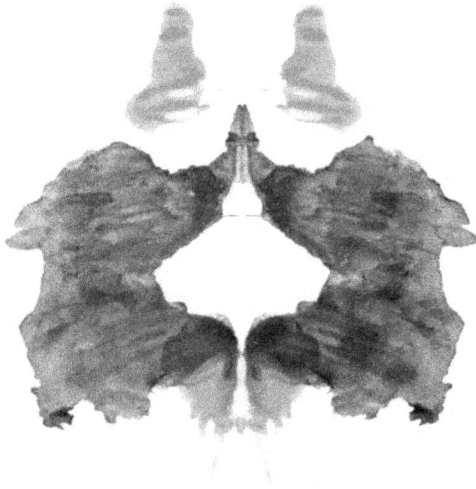

Segunda lámina del test de Rorschach.

Hier das Dintenfaß mit stummer Feder,
Wenn man's umdreht, sieht mit Staunen jeder:
Wie in einen Dämon tierisch kraß
Sich umwandelt oft das Dintenfaß.

"Acá el tintero con muda pluma,
cada vez que alguno lo derrumba,
todo el mundo contempla con azoro:
como en un demonio, bestial, fiero,
se transforma a menudo el tintero".

Justinus Kerner, Kleksografía

DE LAS RAZONES

Si no contestas

mis mensajes,

persistiré.

Soy cobarde.

Marcaré tu número telefónico,

sólo, si no respondes.

Con la esperanza

de que repliques,

tecleáre una invitación

empalagosa y corporal.

Te hablaré de mis besos.

Pronunciaré mis caricias.

Aludiré a tus gemidos.

Ofreceré inferencias

y orgasmos.

Y enviaré estos caracteres

como una súplica,

inalámbrica,

que porte la piel de mis deseos.

Y esperaré.

Entretanto… escribiré un libro.

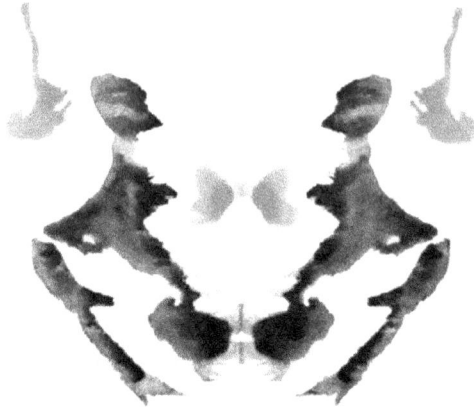

Tercera lámina del test de Rorschach.

Diese Bilder aus dem Hades,
Alle schwarz und schauerlich,
(Geister sind's, sehr niedern Grades)
Haben selbst gebildet sich
Ohne mein Zutun, mir zum Schrecken,
Einzig nur – aus Dintenflecken.

"Estos dibujos de Hades,
todo negro y horripilantes,
se han creado por sí solos,
sin mi auxilio, para espantarme,
de manchas de tinta, puramente".

Justinus Kerner, Kleksografía

DE TI

Hablas de ti
Sí, de ti y tus penas.
De esos, tus abandonos.
De la lluvia de los funerales.
Del reino agridulce de los muertos.
De los golpes absorbidos en la infancia.
De los hombres poseídos y de los del exilio.
De las sustancias que aturdieron tu conciencia.
Del sexo simulado y del goce ajeno en otros brazos.
Del trabajo y las miserias morales de tu supremo jefe.
Del sexo en otros brazos y las dolencias de tu esposo.
De esa sustancia a la que renunciaste por los tuyos.
De los amantes inicuos que no has extraviado.
De los golpes con que silenciaste a tu hijos.
Del reino del dinero y su desventura.
De esa, tu insufrible soledad.
De ti y la rumba del adiós.
De la muerte y sus penas.
Hablas de ti.

EN SERIO

Ahora sí, va en serio.

No hay duda que duele.

La verdad es una actriz.

Ahora sí, va en serio.

Los descargos descarnados.

Los recuerdos.

La encendida trama

de los errores y del pretérito.

La huella de barro

en el camino de retorno

al camposanto.

Las heridas de la infancia.

La nube del poder.

El desenfreno.

La juventud inconsciente.

La inmortalidad del cangrejo.

Ahora sí que va en serio.

Ahora...

hablaremos de Ello.

DEL PASADO Y SUS DICTADORES

Ofrezco un diálogo.

Coloquen en mi mesa

un café y un habano.

Denme un par de señas.

Algún dolor.

Alguna pista

sobre el desencuentro.

Ofrezco un diálogo.

Invítenme a hablar de hembras.

De entendimientos lacanianos.

De caderas o calderas

en las que perder la cabeza.

De mares, de parajes recónditos.

Háblenme del ser humano.

De la intimidad,

de la vergüenza.

De esa angustia oculta

entre textos y corbatas.

Ofrezco un diálogo,

pero por favor,

dejemos de hablar del pasado.

Para pesares y monstruosidades

habrá nuevos demonios.

El que ha muerto...

podrido y olvidado.

DEL EXTERMINIO Y SU ESTULTICIA

Repiten el método a pie juntillas:

elevan el fuego hacia su cielo.

Llenan la atmósfera con el humo

y arman sus piras con nuestros cuerpos.

Respiran profundo, con gran alivio,

cuando han exterminado nuestra amenaza.

Se saben ya a salvo de nuestras armas

y rezan a sus dioses para que no volvamos.

Se duermen tranquilos en sus camastros

soñando con la paz de sus lustrosas botas,

queriendo pisotearnos si nos atrevemos

a enarbolar el entendimiento en nuestras voces.

Son tontos de capirote los que han creído

que haciendo hogueras nos han matado.

Somos inmortales y volveremos.

Venimos desde un reino inaccesible.

Aquel exclusivo y murmurante

país de las palabras y los versos.

Somos los libros que han quemado

esos cobardes, valientes soldados.

Nuestras memorias aún gimen

todo el amor del ser humano.

No pueden quemarnos con su fuego,

que fuego es lo que vive en nuestros versos.

DE LA POESÍA Y LAS MALAS MOTIVACIONES

Ser pulcro, pluralista,

buen invitado.

Sonreír a los enemigos.

Correcto ante todo.

Invisible. Inaudible.

Mirarse el ombligo.

Escribir tan críptico

que nadie te entienda

o le interese descifrarte.

Mirarse, otra vez, el ombligo.

Creer que tu angustia

interesa a las multitudes.

Que el hambre o el narcotráfico

no tienen más importancia

que tu ombligo.

Ninguna.

Porque eres lo máximo.

Porque bebes espumante

en las recepciones

de los consagrados.

Porque sonríes y celebras

hasta sus chistes malos.

Eso, señores, es la poesía

de fondos concursables.

DEL TIEMPO Y EL OLVIDO

Qué duda cabe en esta sentencia

que vamos a paso firme hacia la muerte.

Recopilando adioses

que nos excusan de despedirnos

la última de las jornadas.

Porque al terminarse el tiempo

ya no hay evasivas

para obviar a los deudos,

sino pensar que estamos

en esa misma calzada,

serpenteando las mismas

pequeñeces inconscientes,

sin el celo del olvido.

Qué duda cabe en este camino

que más tarde que temprano

empolvarán nuestros cuerpos

en algún librero,

para acallar todos los versos.

DE LA PATRIA Y SUS INFIERNOS

Chile es un inconveniente resultado

de un montón de errores.

Una voluta que se apaga,

a medias,

e incendia las porfías.

Una canción que se aprende

desde la marcialidad

de temer a los otros.

Una serpiente recostada

a los pies de una bailarina,

América, caliente.

Una isla patria que limita

con el infinito y con el vacío

de ir a ninguna parte.

Una bocanada de aire

al final de la vida

o del mapa.

Una inexplicable mezcla

de supervivencia y aislamiento

que forja cicatrices

tan poderosas como glaciales.

Chile es un inconveniente

que habita en el mutismo,

en la mirada que no mira,

en el melindre del transporte público.

En ese desvestirse a la luz sofocada,

en ese negarse a la pupila impropia,

en esa mueca a costa de vino,

en la falta de veracidad

de los orgasmos y sus quejas.

En la agresividad de sus cataclismos

y de su gente rediviva.

DE LA INSPIRACIÓN

Se incuba como un resfrío,

de a poco acatarra mi cuerpo,

me afiebra,

me duele en los huesos.

Se manifiesta con asfixia

y desata escalofríos

que trepan por mi dorso.

Me persigue como sombra

de mis aciertos y mis dudas.

Se jacta de mi pasado

y me atemoriza en lo incierto.

Es compañera prolífica por semanas

y luego me ignora, sin pesar.

Me enamora, me fascina,

me entrega su cuerpo

hasta su último jadeo.

Y de pronto,

me abandona

sin explicaciones y sin culpas.

A veces me coquetea

desde lejos.

Me recita palabras inentendibles,

en lenguas muertas,

a la orilla del silencio,

con tanta convicción

que me provoca

piel de gallina.

Y se asoma por los ríos

de mis ojos

en una diminuta gota

que resbala con la intención

de mojar el papel en el que escribo.

Así opera,

así soterrada, actúa,

esa hembra esquiva e indomable

que se hace llamar Inspiración.

DE LO INEXPLICABLE

¿Cómo explicar a los otros

que mis fronteras están ahí

donde la sombra

da volumen a los cuerpos

y a la desnudez de la renuncia?

Ahí,

donde el silencio

desgarra la belleza,

en el pulso tímido,

en la celeridad de una caricia,

en el tímpano de la furia.

Allí,

donde la palabra desafía,

golpea, estremece,

donde es testigo

de lo no establecido.

Allí donde los verbos tientan

a las lágrimas o las sonrisas.

¿Cómo explicar a los otros

esta niñez indómita

de mi poesía?

HABLEMOS DE ELLO

Hablemos de Ello

de la monstruosa

criatura de dos caras

que habita mis territorios

repudiables

y suele, daemon invisible,

mandatarme

fatalidades e impudicias.

En su anverso guarda

la incandescente fuerza,

la leyenda arcaica de lo innato,

la diosa de los impulsos,

que agita los piélagos del alma.

Esa arcana hembra,

cadera del deseo,

hazaña elemental de la vida,

que se apropia

de la desnudez y la lujuria

para perpetuar lo humano.

En el reverso mora

el rostro masculino,

carátula de la muerte,

que pronuncia guerras

y asesinas estampidas.

Un dios gemelo

en la espalda,

de alada destrucción,

primogénita fuerza,

que escribe la épica

de la quiescencia

y de la tumba.

Es usted mi desventura,

monstruo siamés,

que intenta dominarme

y recita sus estrofas

en mi sueño.

Si alguien se salva de su ultraje,

que tire la primera piedra.

Yo, al menos,

le temo y le respeto.

Pues ha escrito

varios libros

para mí.

DE MIS CERTEZAS

Abro la ventana y huelo las industrias.

Enciendo la radio y lloro como un niño.

Camino hasta la esquina y sonrío los silencios.

Transporto mi cuerpo en latas de sardinas.

Miro de reojo como roban las carteras.

Temo a los tinglados y a las armas afiladas.

Llego a la oficina odiando a todo el mundo.

Hundo mi conciencia entre los documentos.

Timbro, timbro, timbro.

Oigo disociado los gritos de mi jefe.

Siento que me manosean por debajo del cinto.

Reprimo una respuesta pensando en el arriendo.

Vuelvo al escritorio a lamerme las heridas.

Miro, resentido desde lejos, sus burlas.

Aquella indiferencia exhibicionista

Del jefe acicalado por sus hembras.

Bajo la vista derrotado

y timbro, timbro, timbro.

Al cabo de las horas, vuelvo en silencio,

a la rama solitaria del árbol de mi desventura.

Como frutos secos y oigo las noticias.

Lloro como un niño al amparo de mi casa.

Y dejo que la noche me sueñe otra vida.

Jaime Arenas Saavedra

DE CIERTAS CONDICIONES Y DESQUICIOS

Si giro en la esquina

me como un durazno.

Si voy de incógnito

uso mi rostro.

Si espero un taxi

escribo un tratado.

Si cruzo la calle

declamo un abismo.

Si miro a los ojos

me siento en el cine.

Si aclamo un ocaso

estoy despedido.

Si duermo de espalda

es que me has degollado.

Si enciendo un cigarro

temblor en Orlando.

Si miro un trasero

almuerzo copioso.

Si toco el timbre

no vendo helados.

Si busco un estadio

me escondo en los gritos.

Si soy invisible

me meto en tu falda.

Si espero repuestas

he perdido el sentido.

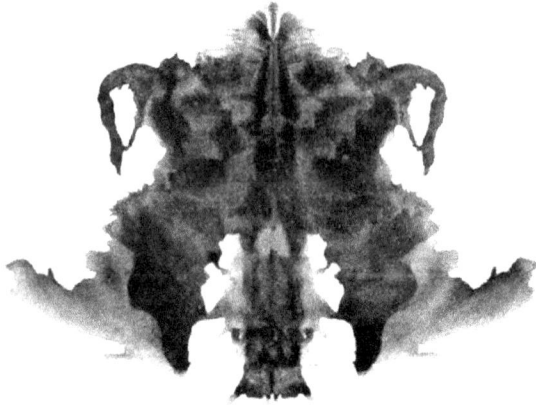

Cuarta lámina del test de Rorschach.

Niemals hätt' ich den berührt,
Hätt' ich eher schon erfahren,
Wie so groß sind die Gefahren,
Wenn man mit dem Dintensatze,
Vorab nachts, klecksographiert;
Dann erscheint oft eine Katze,
Schneidend eine Teufelsfratze,
Satan ist's der uns vexiert.

"Jamás los habría tocado,
hubiese yo antes sabido,
que grandes son los peligros,
cuando con el juego de tintas,
sobre todo de noche, klecksografío;
aparece a menudo un felino,
cara de un diablo incisivo,
Satán es el que nos da martirio".

Justinus Kerner, Kleksografía

II. ANTITESITURA

COITUS INTERRUPTUS I

Demasiado nervio – decía él

Demasiado – bufaba ella.

La cabeza gacha,

él,

sentado en la cama.

Ella,

mirando el cielo.

Demasiado nervio – decía él

Demasiado – bufaba ella.

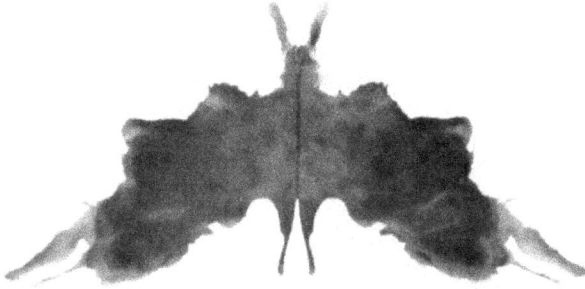

Quinta lámina del test de Rorschach.

Die fliegende Todesbötin schau,
Ein schlimmes Gespenst wie die weiße Frau;
Wenn solche nachts flieget in ein Haus,
An das Fensterglas legt wie Glühwurms Schein
Den Kopf, daß er leuchtet ins Zimmer hinein,
So trägt man da eines bald tot hinaus.

"La mensajera voladora de la Muerte ostenta,
un terrible fantasma como la mujer blanca;
cuando ésta vuela en la noche por una casa,
y en los vidrios de las ventanas posa,
como un brillo de luciérnagas, la cabeza,
para que alumbre dentro de la pieza,
pronto, un muerto, habrá que arrastrar afuera".

Justinus Kerner, Kleksografía

COITUS INTERRUPTUS II

La vida.

El llanto del infante.

El gas de la estufa.

El pan para el desayuno.

Pagar las cuentas.

Leer el diario.

Internet al acecho.

Los correos de la oficina.

La alarma de ese maldito auto.

El puto sueño.

El cansancio de tanto hacer.

La cuota del préstamo.

La enfermedad de tu madre.

La vejez de los tiempos.

El llanto propio.

La vida.

Tanto encanto

en tu cuerpo desnudo.

Y yo, con la cabeza

en *interruptus*.

COITUS INTERRUPTUS III

Interrumpimos la programación

de este programa

para hablar de cada uno

de los resentimientos

acumulados durante años

en la pesada carga

de aguantarse

dos seres humanos.

Del mal genio de las mañanas

y de los olores

y esos dolores de espalda

y la soledad de los silencios

que abundan en las parejas

envejecidas,

que de tan desnudos

se han vestido

con la piel del desencanto.

Interrumpimos la programación

de este programa

para decir…

buenas noches,

amor mío.

DE LA AÑORANZA

¿Qué son los fantasmas sino

productos de la memoria

o de la necesidad?

Son los ecos de aquella caricia

con la que inflamabas tus deseos

y que aún te despiertan

en la viudez de tus noches.

Son las muecas que devuelven los espejos

donde divisamos la vejez de las canas.

¿Qué son los fantasmas sino

nuestros amores penando

en los rincones

donde no vence

el olvido?

Son nuestros besos

y esa desnudez,

oferta de eternidad,

con que permanecemos

labrados en el recuerdo.

¿Qué son los fantasmas

sino añoranza?

DE DIZZY Y LA MUJER

Dizzy me habla,

y mi olfato le entiende.

Entiende lo que Dizzy me habla.

Entiende esa piel chocolate

que suda y exuda *swing*,

esas caderas de hembra

subiendo y bajando

por los acordes.

Entiende el *scat*

que más que quejas,

vocales,

azarosas,

es la sonoridad

femenina,

de sus gemidos.

Dizzy me habla de la mujer,

chocolate en la piel,

que gime en su metal,

como gimió en su cama.

Y mi olfato le entiende.

DE BIRD Y SU SAXO

Bird es un loco, un loco lindo,

que juega a jugar

con los estados lunares

de mi tímpano.

Establece fórmulas cuánticas

en esos caminos sinuosos,

en esos derroteros secretos

por los que circulan sus sonidos.

A toda velocidad

me deja mordiendo el polvo,

en esas vías ruidosas.

Y me siento a ver como se aleja,

escuchando su saxo,

que por alto,

vuela como un pájaro

desbocado,

persiguiendo lo inalcanzable.

Quizás, persiguiéndose a sí mismo.

Bird es un loco

y conviene que se siente a mi lado

en la berma de esta autopista

por la que pasó el canto

de su ave y de su alma,

y por fin descanse

para empezar a escribir

ese tratado de ornitología

que explica el sentido

y la mecánica de vuelo

de sus alas.

Julio y sus cronopios

se lo agradecerán.

DE LA HISTORIA

Dame una oportunidad

para rehacer las cosas,

para escribir la historia

con algunos pequeños cambios,

con un diseño emergente

que anule los errores

y los maltratos.

Habrá varios imperios

que desaparecerán

de la faz de la Tierra.

Dame una oportunidad

y dime dónde

quieres que comience

a estropear

lo que está hecho.

DEL CREDO

Es preciso creer en algo,

en un estricto silencio

o un orgasmo estertóreo.

En el reverso de un billete.

En la traición que conlleva un beso.

En la muerte del invierno.

En la soledad de las piedras.

En las tribus mesoamericanas

descubriendo el valor aritmético

de los versos.

En un cigarrillo para espantar el frío.

En el grito de guerra

grabado en la savia de los

alerces milenarios.

En la potencia gélida

de las aguas de los Andes.

En la furia de las olas del Pacífico.

En la vid y el sabor a vida

de sus jugos.

En el rumor salino

de Atacama.

En la tristeza conservadora

de las cumbres.

Es preciso creer en algo

donde echar a descansar el recuerdo

y los propios huesos.

Jaime Arenas Saavedra

DE MI TAXONOMÍA

He querido organizar

mis recuerdos

en una taxonomía

que deje espacio

para los insectos

y los dinosaurios.

Aquellos desvelados

habitantes de la noche

y el temor,

que se esconden

en arbustos

o entre las hojas de un libro.

Pero también he querido

incluir a mis animales en celo.

Esas aves gritonas y bailarinas,

esos felinos silenciosos

que muerden el pellejo

de la hembra al asedio.

Esos, que huelen el deseo

en vocablos que se piensan

y nunca se dicen en los libros.

A los peces, los dejo para mis sueños.

DEL USO CORRECTO DEL TROPO Y EL AMOR

Si en cuatro letras,

incluido el silencio,

con la procacidad de tu saliva,

me explicas qué pretende

la retórica de tus labios,

es posible

que te imponga

la validez de un beso

o la metonimia

de poseer tu alma.

Porque no hay

un alma

que no bese

lo que ama,

con toda el alma

(y el cuerpo).

Si en cuatro letras

me llevas a tu mar

y me encoges

a la dimensión

de un suspiro

y me lloras

y me exudas,

sabrás leerme

sin manuales

ni grados académicos.

Si en cuatro letras

me llamas,

desde el pudor

y el énfasis,

amor mío,

no dudo

que has hallado

el sentido.

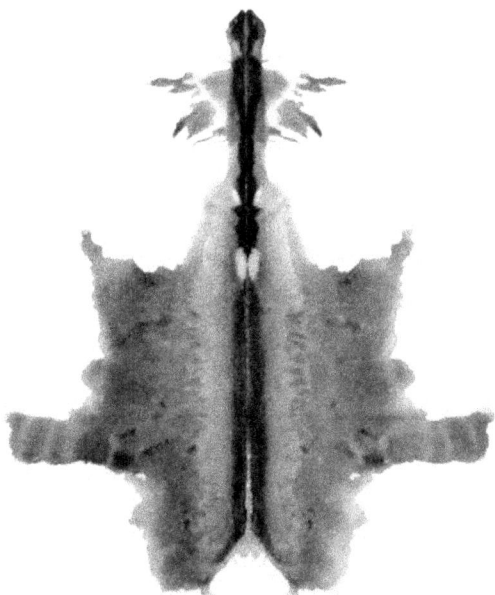

Sexta lámina del test de Rorschach.

Habe stets dabei gedacht,
Überall, wo's schwarz und Nacht,
Spuket die gespenst'ge Rasse,
Darum auch im Dintenfasse.
Die ihr schreibt, nehmt euch in acht!
Weil ich Klecksograph entdecket,
Daß im Dintenfaß oft stecket
Eines gift'gen Dämons Macht.

"Desde siempre han de pensar,
Que dónde es noche y negro,
trasguea la raza fantasmal,
por tanto, también en el tintero.
¡Lo que escriban, con ello sean cuidadosos!
Porque la Klecksografía descubre,
que a menudo en el tintero está alojado
el poder de un demonio venenoso".

Justinus Kerner, Kleksografía

DEL ESTRECHO ACONTECER DE LOS AGUACEROS

La humedad es el anuncio,

ese atropello

de los elementos.

La maroma que hago

del amor.

Es la esperanza del leño.

El aroma del apego,

de la blanca leche

y la tibia espera.

Cierro los recuerdos

y llueve.

Goterones retumban

en el techo de mi abuela

y cubren mi cuerpo de memoria.

Dulce leche calentita

y como amasan

sus manos

el pan de mi nostalgia.

Es el sur de mi conciencia

el que despierta.

"Desayuna criatura

que afuera…

sólo llueve".

DE LA ABSTINENCIA

Volverás a mí.

Y será peor

de lo que imaginas.

Temblará en tus piernas

la abstinencia.

Se desplomará la voluntad

de tu atuendo

con la furia de un aguacero.

Y será peor

de lo que ha sido.

Llorarás, riendo,

cuando te respire

y ausculte

cada segundo

de tu cuerpo descarriado.

Dejarás el aire

inconcluso

cuando en tu pecho

estalle un continente

de anhelos retenidos

y comiences a sentir

la cercanía

de mis ojos.

Y será peor

de lo que recuerdas

cuando te inunde

la certeza

de mis manos,

buscando esos

lugares

donde gimen

tus excusas.

Donde entiendes

la esclavitud

de mis caricias.

Y será peor

de lo que deliras

cuando tu voluntad

ya no vigile

y en secreto

me desees.

Porque mi carne

labrará certezas

en tu carne,

y comprenderás

quien es el dueño

de todos los vicios

de tu cuerpo.

DE LA OMISIÓN Y LA CENSURA

No quiero decir

lo que tu cuerpo

me ha hecho,

el desvelo

al que me ha sometido,

el ardor

al que me ha resignado.

No quiero decir

el efecto que tiene

tu aroma,

ese delirio de primavera

que ronda por mi espalda

y que exuda

antojos incontables.

No quiero abrir la boca,

ni devolverte una mirada.

No quiero que me leas,

para que no lo sepas.

Séptima lámina del test de Rorschach.

Wer kommt so bleich herausgekrochen?
Ob der auch wohl den Kaffee roch?
Die Dinte, ha! hat er gerochen,
Die zieht ihn an im Hades noch.

"¿Quién viene tan pálido arrastrándose hacia fuera?
¿También el café él huela?
La tinta, ¡ja! Fue lo que él olió.
Ella siempre al Hades lo arrastró".

Justinus Kerner, Kleksografía

III. SINTESITURA

DE LO QUE SOY CAPAZ

El absoluto despojo,

el invierno

y la pobreza del frío,

la crueldad del abandono,

el hambre

y la sed del moribundo,

el dolor del desmembramiento,

la locura de alucinar otras vidas,

la miseria de recoger

colillas de cigarrillo,

la soledad de una celda,

la tortura y el abuso

del exterminador,

el paso inexorable de los años

y del olvido,

la estrechez de mi soplo,

la palpitación de la caída,

el dolor de perder

reiteradas veces la suerte.

El mal sabor de la sangre

en los labios.

La humillación,

la indiferencia,

el exilio,

el llanto de quienes amo.

Todo, absolutamente todo,

por volver a ver

lo dulce de tus ojos,

abiertos a la vida.

DE LO QUE NO SOY

No soy gay.

    No milito en partido político alguno.

No tengo nada de *queer*.

    Soy hombre, hetero y *hamburguesado*.

Mi abdomen me delata.

    Mi piel no es blanca, pero no pertenezco

a ninguna protegida

    y amada minoría.

No defiendo causa alguna.

    Soy políticamente incorrecto.

No trato de simpatizar.

    No me gustan las feligresías.

Desconfío de las verdades apodícticas.

    Me molan los sencillos, los que son simples.

Los envidio.

    No tengo tiempo para causas perdidas.

Mi antipatía es directamente proporcional

a mi escepticismo.

Prefiero los perdedores

a los que se jactan de sus triunfos.

Las mujeres me desquician.

Les he escrito un par de libros.

Sin embargo, no las creo mis iguales.

Gracias a dios que son distintas.

Me tienen harto los iluminados, de todo tipo.

Me simpatizan los imperfectos y los carnívoros.

Trato de comer lechugas,

pero no saben a nada, por sí solas.

Me gustan las flacas,

con adiposidades bien dispuestas.

Estoy envejeciendo y asumo que me queda menos.

No puedo desterrar mi niñez indomable.

A pesar de las canas,

 sigo escribiendo con la pluma de un niño

que surca territorios invadidos

 por piratas y enemigos.

Amo los misterios.

 No soy quien para escribir todo esto.

Estimo que el ocio es el placer más detestable.

 Soy tan haragán como el curso de estos versos.

Declaro mi más absoluta imperfección.

 No sé nada de nada.

Mi apego es irrestricto a la señalética

 del tránsito y del horóscopo.

Mi única filiación es la del equipo futbolero

 de la raza invencible del pehuén.

Declaro mi antipatía por las corbatas

y todo tipo de horcas.

Por los aduladores y los estimuladores.

Por los estafadores que escriben

libros con cien pasos

para ir a ninguna parte.

Amo el vino, el queso, el paté

y los hoyitos que se hacen en tu espalda

cuando, desnuda, estiras tu columna

para excitar mis versos más eróticos.

No sé dormir bien sin sentir tus glúteos

muy cerca del cansancio.

He intentado ser honesto

y nadie lee el garabato de estas páginas.

A nadie le interesa tanta tontera de viejo.

Amo la vida con la sed del moribundo.

Soy poeta.

DIATRIBAS A NARCISO

Dudo mucho

que entiendas

el sabor oblicuo

de un golpe.

De un estrellón

contra el asfalto

o tu ego endurecido.

Entiendo que no necesitas

exhortaciones o consejos.

Sabes de todo

y hasta te burlas

de mis vacilaciones.

No temes a la muerte

y la soledad la soportas

sin ron, ni cigarrillo.

Eres perfecto ejemplo

de un titán de aquellos.

Vas y vuelves de tu Olimpo.

No te amedrenta

el paso de los años

ni la fosa que espera

por tus huesos.

La falta de trascendencia

las purgas en tus libros,

en metaforitas llenas

de egoísmo.

Te jactas de tus amantes

y sus arranques de gemidos.

No pasas frío y el hambre

te importa un pedo.

Pero cada vez que te veo

estás más feo y rancio,

sonriendo,

al otro lado del espejo.

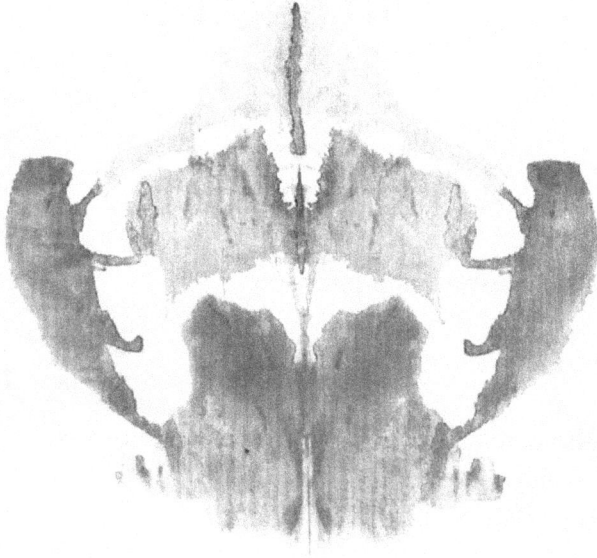

Octava lámina del test de Rorschach.

Du teuflische fratze,
halb Mensch und halb Katze!
Was willst du von mir?
Ich klecksographier
Nicht Ritter vom Besen,
Das bist du gewesen,
Zum Teufel mit dir!

"Tú, facies demoniaca
mitad hombre mitad gato
¿Qué quieres de mí?
Yo klecksógrafo,
No el caballero de escoba,
que tú has sido,
¡al diablo contigo!"

Justinus Kerner, Kleksografía

DE LAS RUTAS Y SUS SILENCIOS

Hace horas que manejo

y las carreteras han sido desalojadas,

ya no hay llamados telefónicos

y no tengo encargos.

No debo doblar esquinas o arrepentimientos

y da lo mismo a la hora que llegue.

La velocidad de mi carro y de mi olvido

son inversamente proporcionales.

Hay letreros que se niegan a dar la cara

y me miran de reojo

para convencerme de que los desvíos

tienen que ver con mi fastidio.

No sé si hay emisoras que se dediquen

a los extraviados

o a las depresiones de invierno.

Pero enciendo la radio,

con la misma esperanza

que enciendo un cigarrillo

y tardo en inspirar olores antiguos,

con temor a los suspiros.

Sé que me aguardan los kilómetros y los años

y las quinientas noches de Sabina,

para olvidar la bitácora y sus curvas.

Por eso prefiero recitar algunos versículos

y perderme en las tablas de una ley, sin ley,

convenciéndome de que mirar a la mujer ajena

es mirar la propia, pero en el futuro.

Anochece en la luneta trasera

y quisiera montar una cámara

para filmar ese atardecer redondo,

con la esperanza de retratar la tristeza

de su rojo olvido.

Pero debo concentrarme en el camino

y en los recuerdos que arrollo,

de tanto en tanto.

Deduzco que debiera llegar pronto,

a ninguna parte,

para acostumbrarme a los giros que tiene la vida,

comprendiendo que no es su culpa,

sino la nuestra, en empeñarnos

por controlar las rutas y los mapas.

Hace horas que manejo

y ya no recuerdo de dónde vengo...

DE MI PASAJE SECRETO I

Descubrí un estrecho

pasaje escondido

detrás del librero

de mi cuarto.

Hay allí un universo paralelo.

Un país más ancho que corto.

Limita al norte con sí mismo.

Al este con la curva de tu espalda.

Por el sur dominan en las fronteras

los pehuenches y sus árboles milenarios.

Por el oeste un charco

moja mis pies entumidos.

Hay en él colegios estatales

que procuran igualdad

de acertijos y conjuros

y enseñan los secretos

de la Tierra.

Los políticos son distintos

a los nuestros.

Organizan banquetes a los obreros

para recibir dádivas y propinas

de sus abultados bolsillos.

Claro está que esto

lo hacen por divertimento.

En sus tiempos libres

estudian ética y español antiguo.

En medio de la ciudad hay un parque

de límites indefinidos,

a los que acuden niños

felices y sin miedo.

(Los sacerdotes están prohibidos.)

El presidente del gobierno

ha decretado el ruido, la risa y el orgasmo.

Se han visto desmayos de placer.

Los ególatras planean un golpe de estado.

Su mal gusto y su falta de empatía

ha sido proscrito.

He podido beber vino

con la libertad de un jilguero.

En la noche nos alumbran

las rimas del poeta de la cuadra.

El piano nunca detiene su sonido.

Los versos contaminan

esta atmósfera con sus tropos.

El saber vale más que el alimento.

Y el dólar… nunca ha existido.

DE MI PASAJE SECRETO II

Un buen día

me quedo al otro lado

entretenido en esos diálogos

de simpleza y cintura

con aquellas musas

de rostro ladino

que por feas son tan bellas,

tan despojadas de pesadillas,

tan desnudas.

Una de ellas,

por cierto morena

desde el bregma hasta las uñas,

me insinuó sin pretextos

las capitales de su despojo.

"Aquí no hay contratos ni cláusulas

para intercambiar gozos".

Y yo, tan vestido como estaba,

sentí vergüenza de mi atuendo,

de la suspicacia de mis versos,

y de la ceguera de mi tacto.

Bebí, entonces,

una copa de su leche

melífica y divina

y dormí sobre sus senos.

DE MI PASAJE SECRETO III

Traté de explicarles

y nadie me entendía.

Enumeré las veces

en que mi vecino

nunca levantó los ojos

para decir buenos días.

Narré la indiferencia

y la desconfianza

que provocan

los desconocidos.

Hablé de la delincuencia,

de la corrupción,

de los políticos,

del individualismo.

Describí una mañana

en el tren subterráneo

y los aparatos tecnológicos

que distraen la atención,

aislando los cuerpos.

Expliqué las leyes del consumo,

la oferta y la demanda,

y las ventajas del mercado.

Lo propio y lo ajeno.

Intenté que comprendieran

la solvencia matemática

de mis argumentos.

La importancia

de la propiedad privada

y del orden establecido.

Vi en sus caras desconcierto

y me parecieron tan niños.

Entonces, comprendí

mi equívoco.

Y fui desterrado del edén.

Mi pasaje fue tapiado

con acacias y huarangos.

A veces oigo su júbilo

desde el otro lado del muro.

Novena lámina del test de Rorschach.

Sie wollte färben die Frisur,
Wollt suchen Zähn und Mieder;
Doch schrie der Hahn – schwand ohne Spur
Sie aus dem Spiegel wieder.

"Quería teñirse el peinado ella,
quería revisarse los dientes y el corpiño
pero al canto del gallo,
se desvanece sin huellas,
nuevamente del espejo".

Justinus Kerner, Kleksografía

DE LA VEJEZ Y SUS MISERIAS

El centro de todo

es que envejezco.

Que el despojo lento

de todo dominio

es lo más parecido

a la miseria.

Miseria que engorda

desde los huesos.

Que hace latente

el plazo inevitable

del tiempo.

Mañana dolerá

más aún el cuerpo

y el tranco será cansino.

Olvidaré algunos nombres.

Olvidaré mi verso.

Mañana, no está tan lejos.

DE CIERTAS VULNERACIONES

Me acuso de ser hombre

y de tener falo.

De haber deseado mujeres

de todas las edades,

estirpes y credos.

De subyugar esposas,

hijas, nietas y bisnietas.

Me acuso de ser violento.

De hacer guerras

y construir imperios.

De emprender cruzadas

y de usar las armas y los credos

para mancillar

a otros pueblos.

Me acuso de soberbia.

De construir monumentos

al dios erecto.

Monolitos, obeliscos,

catedrales y rascacielos,

falocéntricas efigies

de mi insuficiencia.

Me acuso de egoísmo.

De no escuchar,

de no llorar,

de no necesitar,

de no entender,

de no amar.

Me acuso de ser macho.

Me acuso de ser hombre.

Me acuso de ser humano.

DE LO INDEFECTIBLE

Intento no hacerles caso.

Transito sin escucharles,

caminando las calles

y los párrafos, pisando

con mucho cuidado

las palabras y sus letras.

De puntillas pretendo

escamotear su sueño

y sus ronquidos.

Puedo estar sin ellos

algunos días

y flotar en la paz

de ese océano sin olas.

Pero tarde o temprano

despiertan de su siesta

y se apoderan de mí.

Libido y Tánatos

son unos tiranos.

DE LA METÁFORA
Y SU NADERÍA

Las almendras de tus ojos,

un rocío en tu jadeo,

todo mi mar a tu servicio

y soy devorado por tu hielo.

¡Ay cómo duelen mis deseos!

Cómo llueve el azabache

de mi lamento.

Si te escarbo lazarillo

en el vértice de tu alma,

me extravío entre tus piernas.

Si necesito alimento,

navego tus océanos

y desembarco en tu pecho.

Y si trato de explicarte

con el galope de mi lengua,

al término de esta jornada,

no te he dicho lo que siento.

Porque nada dicen

estos versos.

Jaime Arenas Saavedra

CANCIÓN A LOS
SEÑORES DE CORBATA

Los señores de corbata

me miran con recelo

cuando entro es sus silencios

y sus amplias oficinas.

Examinan mis manos

y las horas de trabajo

en el mapa de mis dedos.

Los señores de corbata

escuchan, muy atentos,

la cadencia provincial

de mis verbos moradores

y usando con pericia

sus reglas de cálculo

adivinan el origen

de mis antepasados.

Los señores de corbata

huelen mi perfume

y analizan si apesto

a chileno o a extranjero.

Establecen algoritmos

con el matiz de mis cabellos

y el pasado de mi dermis.

Los señores de corbata

pronostican, sonrientes,

con sus aliteradores

el clima y el contexto

de mis años más viejos.

Y al final de los tiempos,

dictaminan, resolutos,

el color mi destino.

DE LO QUE NO SOPORTO I
(EL PASTOR)

No quiero pastores.

    No, no quiero. No.

No quiero sus moralinas, sus mandatos.

    No me gustan sus vestiduras lustrosas.

        Sus báculos itifálicos y arcanos.

No quiero sus sonrisas mendaces.

    No, no quiero.

Nunca me gustaron sus sotanas.

    Como nunca me gustaron sus manos

        perfectamente manicureadas.

Y sus anillos de oro.

    Y sus estancias silenciosas.

Sospecho que son muchos ya los lamentos

    que esconde ese silencio.

Mucha la sangre coagulada en sus hogueras,

muchos los huesos rotos

por su evangelización impúdica.

Mucha virginidad mancillada,

mucha inocencia perdida y vulnerada

por sus piadosas manos.

No quiero pastores, es cierto,

pero mucho menos quiero ovejas.

Inmóviles, carnosas, rumiantes ovejas,

levantando florecitas blancas

al paso de los lobos vestidos de obispos.

No quiero pastores en retiros

purgando sus pecados

mientras en un cuarto oscuro

un niño llora

por lo que le han hecho.

Décima lámina del test de Rorschach.

Auch mein Bild kam aus schwarzem Dintenfaß.
Als ich es sah, da wurde ich leichenblaß.
Aus dem Kopfe kommen schwarze Dünste,
Der Arznei- und Dichtkunst schlechte Künste.

"También vino mi dibujo del tintero,
cuando lo vi, empalidecí como un agonizante,
de la cabeza se levantan brumas obscuras,
de la medicina y la poesía, las malas artes".

Justinus Kerner, Kleksografía

DE LO QUE NO SOPORTO II
(EL POLÍTICO)

Personaje acongojado, beatífico,

de corbata y gónadas

pequeñas,

que detenta el más noble mandato

de los inocentes

y que debiera atesorar

las cuatro virtudes Platónicas,

en pos del ejercicio, abnegado,

de velar por los otros.

En el camino,

ya sea por desconcierto o

franqueza,

suele ascender hacia el Olimpo,

pisoteando los cráneos

de sus iguales rezagados,

para alcanzar

la sacrosanta estancia

de eso que apodan Poder.

Allí olvida, aquejado de

demencia o de gula,

su mandato soberano

y da rienda suelta

a su voracidad innata

y bien aprendida.

Su agudeza estratégica

le suele forjar todo tipo

de planes, macabros,

para impedir

que le usurpen

la teta que está lactando.

Para este ejercicio,

oficioso y paladino,

ostenta su propia versión

de las virtudes de Platón:

Del Intelecto prefiere la astucia,

la fullería y la treta,

dejando la sabiduría para los

que miran desde abajo.

De la Voluntad ostenta

el regate, el amago y la bravata,

obviando el valor verdadero

que deben enarbolar

aquellos que luchan

por salvar a sus hijos

de la miseria y de la droga.

De la Emoción no conoce

la mesura ni la prudencia

y suele farfullar

sus más bajos instintos,

para ocultar su rostro

miserable y ambicioso.

Por último, de la Justicia

hace uso irrestricto,

en derecho consuetudinario

y escrito,

de la Ley del Embudo.

¡Cuán paradojal es este ser representativo!

Ostenta el panfleto del Bien Común

para salvaguardar el bien propio.

Y lo peor de todo,

somos nosotros

los que lo hemos elegido.

Jaime Arenas Saavedra

ENCIENDO UNA VELA

(Leer escuchando *"I Haven't Got Anything Better To Do"*)

Enciendo una vela

y apago los ojos.

Dejo que la cama duerma

y me arrogo el insomnio

con la libertad

que me da la almohada

y su silencio feligrés

que abunda en arrugas

y excusas.

Palpo el espacio

que dejan mis pensamientos,

el tácito

nudo que enreda las sábanas

y los recuerdos

e inmoviliza mis miembros,

con un remolino

que escribe ausencia

en mi carne.

Y entonces, prefiero

el estallido del odio

para alejar,

sin fortuna,

el olor, adverbio a bello,

que ya no huelo

en mi cama.

Para exterminar,

ciego,

el roce numinoso

de tus invisibles

gemidos.

Para lograr olvidar

la humedad

de tu partida.

DE LA ESPERANZA

Todas las hojas del otoño

que yacen en el suelo.

Todas las gotas de lluvia

que resbalan por el vidrio.

Todas las auroras blancas

que tímidas se esconden.

Todos los botones de flor

que se abren de sonrisas.

Todos ellos conocen

El enigma que oculta

la esperanza.

Biografía del autor

Jaime Arenas Saavedra, chileno, nacido en 1971, es
médico psiquiatra y se dedica a la práctica privada de
su profesión. Desde su adolescencia ejerce, en forma
anónima, su otra pasión: la literatura.

En su juventud participó de talleres y grupos literarios, pero posteriormente ha preferido el trabajo solitario de su escritura. Es autor de varias obras inéditas: un poemario llamado "Los versos de la enredadera" escrito entre los 20 y 23 años, un libro de cuentos llamado "Emociones inauditas" y muchos otros poemas no publicados.

El año 2012 y después de meditar mucho decidió recopilar una parte importante de su poesía escrita desde el año 2006 para editar su primer libro, un poemario centrado en el erotismo y los devenires del amor a su musa, llamado "Entre poemas y sábanas". Esta primera publicación, lanzada en junio de 2013, puede clasificarse en el subgénero de la poesía erótica y recoge el trabajo de seis años de producción, en la que el autor nos invita a explorar nuestro propio erotismo a través de una intensa experiencia poética.

Ese mismo año su poesía fue seleccionada para participar en una antología publicada por la Editorial Santiago Inédito, titulada "Para el coraje de vivir".

En octubre de 2014 se lanzó su segundo libro, "Entre poemas y sábanas volumen II", publicado MAGO editores, como parte de la colección de poesía Carmen Berenguer. Este segundo poemario del autor incluye una serie de poemas escritos desde el año 2013, que no fueron incluidos en su primer volumen, siendo una obra nueva compuesta por 47 poesías eróticas inéditas.

Durante el año 2014, un poema suyo llamado Navegante resultó finalista del Concurso Literario "Poemas. Homenaje a Pablo Neruda", con lo cual se hizo parte de la antología llamada "150 POESÍAS. Homenaje a Pablo Neruda", editada por Art Gerust

Editores en Madrid, España. El año 2015 obtuvo el tercer lugar en el concurso de cuentos eróticos de la Exposexualidad realizada en mayo en Santiago de Chile. Ha participado en varios otros concursos de cuentos por los cuales ha sido seleccionado y su obra se ha antologado en sendas publicaciones (Microrrelatos Épicos I, Ed. Diversidad Literaria (2014), Sensaciones y sentidos II (2015) de la misma editorial).

Por otro lado, ha sido parte de la organización del festARTErótica 2014, como coordinador literario de esta edición del festival de las artes y el erotismo, el que se realizó en Santiago de Chile en octubre de 2014, descubriendo otra veta muy importante de sus intereses, la gestión cultural.

El año 2016 publica su primer libro en el género narrativo, el libro de cuentos y microcuentos llamado: "Dos al hilo y otros cuentos eróticos", publicado por Editorial Segismundo, como parte de su colección *Cuenteros al Sur del Mundo*. Dicha obra ha sido editada en multiformatos, incluido el eBook y el audiolibro, el que fue grabado con la voz del propio autor, transformándose en el primer libro editado en Chile en comercializarse en todos los formatos existentes.

Con la misma editorial y dentro de la colección *Poetisos al Sur del Mundo*, publica el 2017 su tercer poemario llamado "Hablemos de Ello" dentro del cual nos muestra, voyerista, un descarnado viaje al interior de lo humano.

Actualmente trabaja en su primera novela.

Tabla de materias

Colofón

Este libro se imprimió mecánicamente, no sabemos dónde ni cuándo, por algún robot dedicado a la impresión bajo demanda. Por lo tanto, nos es imposible indicar cuántos ejemplares han sido producidos a la fecha ni cuántos lo serán en el futuro. Esperamos que se haya usado papel Bond blanco y una tapa de cartulina polilaminada a color, con una encuadernación rústica mediante *hotmelt*. Por lo menos estamos seguros de haber usado la tipografía *Book Antigua*, en varios tamaños y variantes, para la mayoría de su interior.

ꝕ

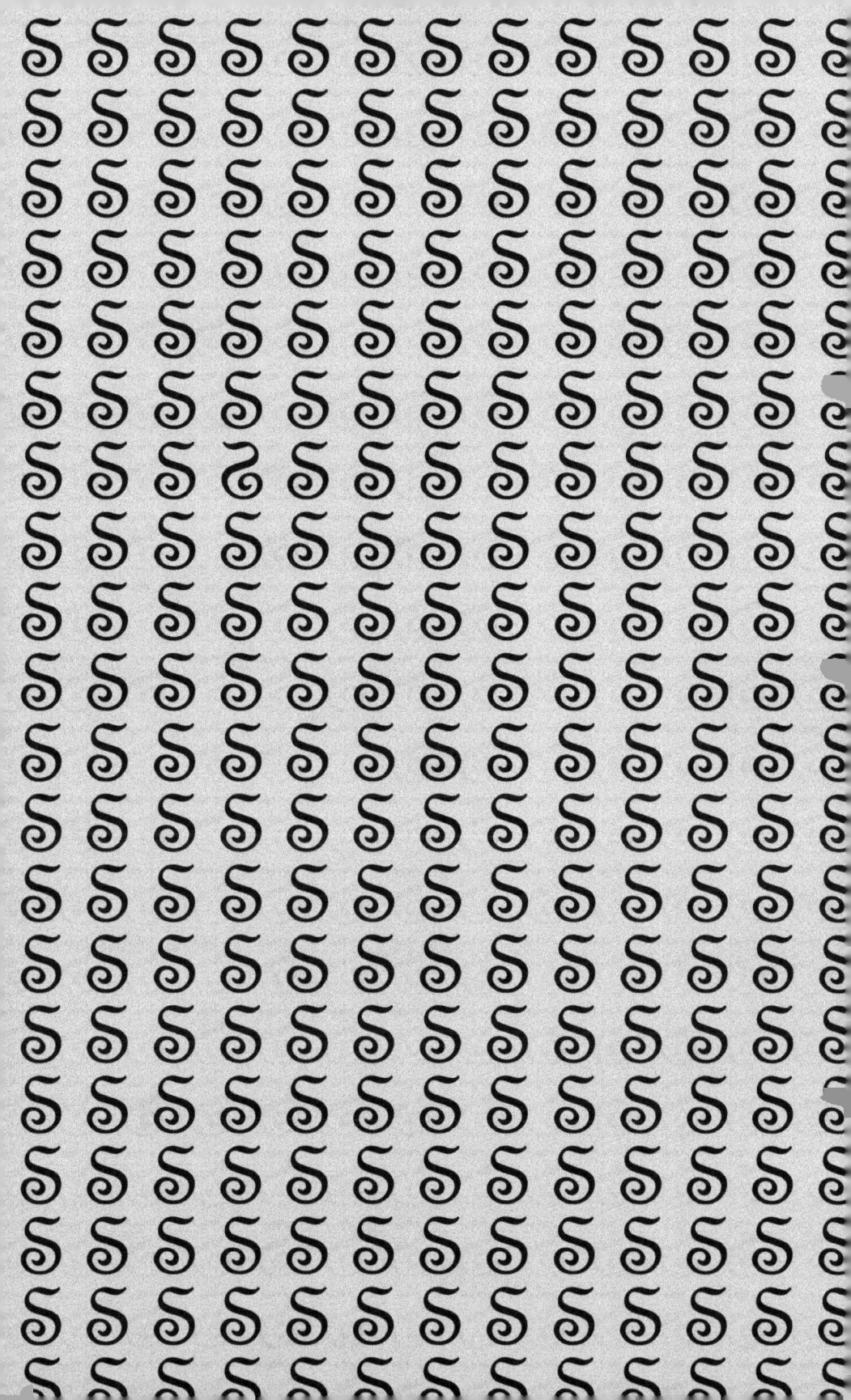

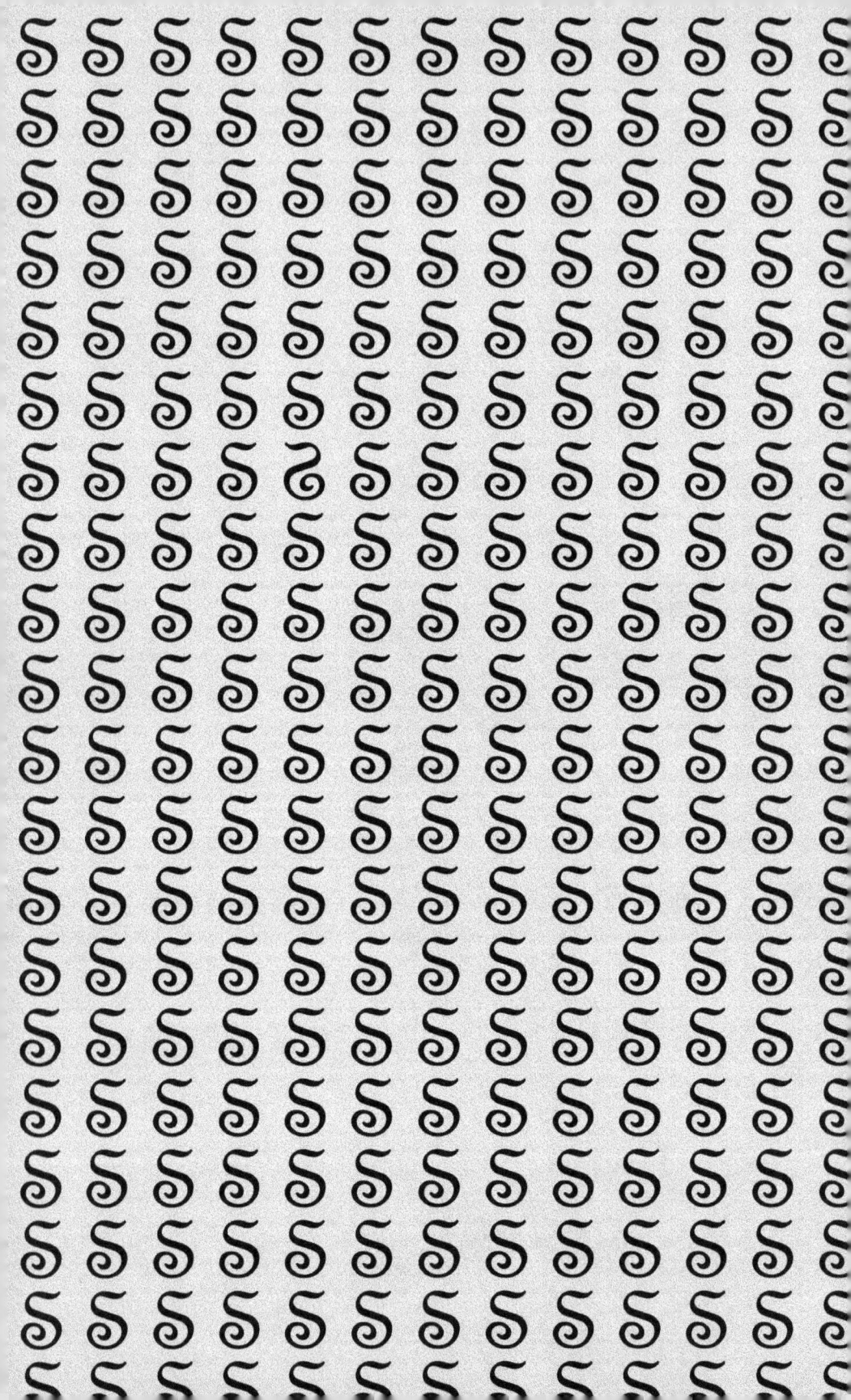

www.ingramcontent.com/pod-product-compliance
Lightning Source LLC
Chambersburg PA
CBHW052011090426
42741CB00008B/1641